BEI GRIN MACHT SICH IHR WISSEN BEZAHLT

- Wir veröffentlichen Ihre Hausarbeit,
  Bachelor- und Masterarbeit

- Ihr eigenes eBook und Buch -
  weltweit in allen wichtigen Shops

- Verdienen Sie an jedem Verkauf

Jetzt bei www.GRIN.com hochladen
und kostenlos publizieren

Holger Hansen

Marketing und Vertrieb des Produktes. Der Marketing-Mix

GRIN Verlag

Bibliografische Information der Deutschen Nationalbibliothek:

Die Deutsche Bibliothek verzeichnet diese Publikation in der Deutschen National-
bibliografie; detaillierte bibliografische Daten sind im Internet über http://dnb.d-
nb.de/ abrufbar.

Impressum:

Copyright © 2005 GRIN Verlag GmbH
Druck und Bindung: Books on Demand GmbH, Norderstedt Germany
ISBN: 978-3-640-12748-1

Dieses Buch bei GRIN:

http://www.grin.com/de/e-book/43597/marketing-und-vertrieb-des-produktes-der-
marketing-mix

GRIN - Your knowledge has value

Der GRIN Verlag publiziert seit 1998 wissenschaftliche Arbeiten von Studenten, Hochschullehrern und anderen Akademikern als eBook und gedrucktes Buch. Die Verlagswebsite www.grin.com ist die ideale Plattform zur Veröffentlichung von Hausarbeiten, Abschlussarbeiten, wissenschaftlichen Aufsätzen, Dissertationen und Fachbüchern.

Besuchen Sie uns im Internet:

http://www.grin.com/

http://www.facebook.com/grincom

http://www.twitter.com/grin_com

RWTH Aachen
Institut für Sprach- und Kommunikationswissenschaften
Hauptseminar Wahlpflichtbereich Betriebspädagogik: „Marktbearbeitungsstrategie für Weiterbildung"

Sommersemester 2005
Holger Hansen
Kommunikationswissenschaften, Geographie und Politische Wissenschaften

Marketing und Vertrieb des Produktes
- Der Marketing-Mix -

Aachen, 05. Mai 2005

Inhaltsverzeichnis

1. Marketing

In unserem Verständnis von Marketing kennen wir den Begriff Marketing meistens im Zusammenhang mit Wortkombinationen wie Direkt-Marketing oder Online-Marketing. Oder aber wir schließen aus dem umgangssprachlichen Gebrauch des Begriffes die Bemühung, Waren und Dienstleistungen zu verkaufen. Aus betriebswirtschaftlicher Sicht sollten jedoch zwei Bedeutungen des Begriffes Marketing festgehalten werden. „"Marketing" als erweitertes Verständnis der Abatzfunktion eines Unternehmens einerseits und „Marketing" als marktorientierte Unternehmensführung andererseits." [1] Dazu bedienen sich Unternehmen verschiedener Werkzeuge und Hilfsmitte. Diese Werkzeuge werden Marketing-Strategien genannt. Steffenhagen hält fast, „vielmehr ist die Präsenz eines Unternehmens in seinen Märkten das Ergebnis unternehmerischer Entscheidungen. Solche Entscheidungen werden in der Literatur und Praxis unter dem Stichwort „Marketing-Strategie" diskutiert." [2]
Eine solche Marketing-Strategie ist auch der Marketing-Mix. Die Kombination aus verschiedenen absatzpolitischen Instrumenten wird auch als Marketing-Mix bezeichnet.

2. Der Marketing-Mix

Für ein erfolgreiches Marketing ist eine bestimmte Anzahl von zusammenwirkenden Marketinginstrumenten notwendig. Diese Anzahl von zusammenwirkenden Instrumenten wird, wie bereits oben besprochen, als Marketing-Mix bezeichnet.
„Der Marketing–Mix ist die Kombination aus den Marketinginstrumentarien, die das Unternehmen zur Erreichung seiner Marketingziele auf dem Zielmarkt einsetzt." [3]
Die vielen möglichen Kombinationen, die das Unternehmen veranlassen kann, um auf die Nachfrage nach einem bestimmten Produkt einzuwirken, werden in vier Gruppen eingeteilt. In der Praxis, wie auch in der Literatur hat sich diese Vierteilung durchgesetzt. Sie wird in Ahnlehnung an die amerikanische Literatur auch als „4P"

---

[1] Steffenhagen, Hartwig: Marketing. Eine Einführung, Stuttgart, S. 55.
[2] a.a.O., S. 92.
[3] Kotler, Philip: Grundlagen des Marketing, München, S. 141.

bezeichnet. [4] Diese „4P" sind: Product, Price, Promotion, Place. In die deutsche Wissenschaft übertragen sprechen wir von der Produktpolitik, der Entgeltpolitik, der Distributionspolitik und der Kommunikationspolitik. [5]

Im Folgenden sollen nun die Instrumente beschrieben werden, die zu jeder dieser vier Gruppen gehören.

2.1 Produktpolitik

Um die Produktpolitik zu erläutern ist es dienlich erst einmal eine genau Definition des Produktbegriffes im Marketing festzuhalten.

„Das Produkt beinhaltet die Gesamtheit aus Gütern und Dienstleistungen, die das Unternehmen auf dem Markt anbietet." [6]

Als Grundlage für die Produktpolitik eines Unternehmens kann die Leitfrage „Welche und wie viele Leistungen sollen wann angeboten worden?" formuliert werden. Zur Beantwortung dieser Frage ist für das Unternehmen die Analyse, Planung, Umsetzung und Kontrolle von Aktivitäten bezüglich der Produkte als Marketing-Instrument wichtig. Das erarbeitete Angebot muss sich dabei den Bedürfnissen des Kunden anpassen und vor allem auch von den Angeboten der Konkurrenten am Markt absetzen (*Unique Selling Proposition*). [7] Wichtige Faktoren sind dabei die Varianten, also der Produktmix, die Qualität, das Design, die Ausstattung, der Markenname, die Verpackung, der Kundendienst und die Garantie. [8] Diese Faktoren führen wiederum dazu, dass man zu einer Unterteilung der Produktpolitik in Programmpolitik und Produktpolitik im engeren Sinne gelangt. [9] Die Programmpolitik legt den Produktmix fest. Der Produktmix besteht aus Programmbreite und Programmtiefe. Die Programmbreite beschreibt die Anzahl der Produktlinien. Eine Produktlinie ist eine Gruppe von ähnlichen Produkten. Am Beispiel procter&gamble

---

[4] vgl. Kuß, Dr. Alfred: Marketing-Einführung, Wiesbaden, S. 163.
[5] vgl. Kotler, Philip: Grundlagen des Marketing, München S. 141.
[6] a.a.O., S. 139.
[7] http://www.4managers.de/01-Themen/..%5C10-Inhalte%5Casp%5Cproductimmarketing-mix.asp?hm=1&um=P
[8] Kotler, Philip: Grundlagen des Marketing, München S. 140.
[9] vgl. http://www.4managers.de/01-Themen/..%5C10-Inhalte%5Casp%5Cproductimmarketing-mix.asp?hm=1&um=P

können die Bereiche Hygieneartikel (Tempo), Snacks (pringles) und Gesundheitspflege (blend-a-med) [10] stellvertretend genannt werden. Dabei ist festzuhalten, dass auch jeder Produktlinie eine Marke zugeordnet ist. Die Programmtiefe gibt die Anzahl der einzelnen Produkte je Produktlinie bzw. Warengruppe an. Am Beispiel von procter&gamble wären dies in der Produktlinie Textil & Haushaltspflege z.B. Reinigungstücher, Waschmittel und Putzmittel.

Entscheidungen hinsichtlich der Programmpolitik beschäftigen sich vorrangig mit dem Sortiment, das ein Unternehmen anbietet. Dazu zählen der Aufbau neuer Produktlinien, Produktinnovation oder auch Produktänderungen. [11]

Die Produktpolitik im engeren Sinne umfasst die Bereiche Service, Verpackung, Gestaltung und Markenpolitik. In diesen Bereichen müssen Entscheidungen hinsichtlich folgender Fragestellungen getroffen werden. Wird mein Produkt ein Markenprodukt? (Markenpolitik). Welche Qualität, Zusatzfunktion und Stil beinhaltet mein Produkt? (Produktgestaltung). Wird mein Produkt verpackt, und wenn ja, wie? (Verpackung). Mit diesen Fragestellungen sind weitreichende Entscheidungen hinsichtlich Image, Prestige, Zusatzangeboten und Produkterweiterung verbunden.

2.2 Entgeltpolitik

Die Entgeltpolitik kann mit der Preisgestaltung eines Unternehmens gleichgesetzt werden. „Unter der Preisgestaltung des Anbieters wird hier die Bemessung desjenigen Gegenwertes verstanden, den der Käufer erbringen muß, um eine in Art und Menge bestimmte Leistung des Anbieters in einem festgelegten Zeitraum zu erwerben." [12] Zur Entgeltpolitik zählt jedoch nicht nur die reine Preispolitik, sondern auch die Konditionenpolitik. Die Konditionenpolitik beschäftigt sich mit der Festlegung von Kreditbedingungen, Rabatte und Liefer- sowie Zahlungsbedingungen. [13]

---

[10] vgl. http://www.procterundgamble.de/produkte/index.shtml
[11] vgl. http://www.4managers.de/01-Themen/..%5C10-Inhalte%5Casp%5Cproductimmarketing-mix.asp?hm=1&um=P
[12] Steffenhagen, Hartwig: Marketing. Eine Einführung, Stuttgart, S. 151.
[13] vgl. http://www.4managers.de/01-Themen/..%5C10-Inhalte%5Casp%5Cproductimmarketing-mix.asp?hm=1&um=P

Wie muss der Preis des Produkts bzw. der Leistungen bestimmt sein, damit er vom Kunden akzeptiert wird? D.h. wie viel muss der Kunde für das Produkt zahlen? Mit der Festlegung des Preises ist jedoch eine ganze Preisstrategie verbunden. Bekannte Strategien sind die Marktabschöpfungsstrategie, die Marktdurchdringungsstrategie und die Preiswettbewerbsstrategie. [14]

1. Marktabschöpfungsstrategie:

Das Produkt wird zunächst zu einem hohen Preis angeboten, so dass die ersten Kunden das Produkt kaufen. Um weitere Kundenschichten zu gewinnen, wird der Preis gesenkt. Diese Strategie bietet sich für Produktinnovation an, die zunächst auf dem Markt keine Konkurrenz haben.

2. Marktdurchdringungsstrategie

Der Preis wird so niedrig wie möglich angesetzt, um schnell einen maximalen Marktanteil von der wohlmöglich starken Konkurrenz zu erobern.

3. Preiswettbewerbsstrategie:

In einem interaktiven Prozess wählen die Konkurrenten ihre Preise relativ zueinander.

Die Preispolitik befasst sich, neben der Preisstrategie, auch mit der eigentlichen Preisfindung. Auf die Preisentscheidung wirken vor allem die Kosten, die Kunden und die Konkurrenz ein. Aus diesen Faktoren lassen sich drei Instrumentarien zur Preisfindung herleiten. Die Kostenorientierte Preisfindung ermittelt den Preis entweder über die Erhöhung der Kosten zur Herstellung des Produktes um einen bestimmten Prozentsatz (Kostenzuschlagskalkulation) oder über das Gewinnzielverfahren. [15]

Die Konkurrenzorientierte Preisfindung basiert auf dem Vergleich der eigenen Preise mit den Preisen der Konkurrenz. [16] Die dritte Methode orientiert sich an der Wertempfindung des Käufers. Das heißt, dass der Preis so festgelegt wird, dass der Käufer bereit ist zu bezahlen. [17]

---

[14] vgl. Kotler, Philip: Grundlagen des Marketing, München S. 636f.
[15] vgl. a.a.O., S. 622f.
[16] vgl. a.a.O., S. 626.
[17] vgl. a.a.O., S. 625.

2.3 Distributionspolitik

Gegenstand der Vertriebspolitik (bzw. Distributionspolitik) sind die Entscheidungen und Tätigkeiten eines Unternehmens, die dazu dienen, das Ergebnis des betrieblichen Leistungsprozesses rechtzeitig an die Orte zu bringen, wo sie vom Kunden gekauft bzw. in Besitz genommen werden." [18] Im Rahmen der Distributionspolitik muss sich das Unternehmen entscheiden, „wie das Produkt möglichst einfach, schnell und kostengünstig zum Kunden kommt und welche Distributions-Strategie dem zugrunde liegt"? [19]

Man unterscheidet die physische Distribution, die sich mit dem physikalischen Weg des Produktes befasst, und aquisitorische Distribution, welche die Auswahl der Absatzmittler betrifft.

Die Produkte können auf unterschiedlichen Wegen vom Hersteller zum Kunden gelangen. Dabei unterscheidet man zwischen Direktmarketing bzw. direkten Vertrieb und den Verkauf über vertikale Marketingsysteme, also den indirekten Vertrieb. [20]

Der direkte Vertrieb wird zum Beispiel in der Landwirtschaft genutzt. Beim direkten Verkauf vom Bauern an den Kunden. Während im Lebensmittelbereich häufig Großhändler und Zwischenhändler zwischen Unternehmen und Kunden stehen. Die Wahl des Vertriebskanals hängt dabei von verschiedenen Einflussfaktoren ab.

  1. *Die angeboteten Produkte*

In diesem Bereich werden die Eigenschaften der Produkte berücksichtigt. Wie lagerfähig sind die Produkte, wie häufig wird das Produkt benötigt und wie transportfähig ist es?

  2. *Das anbietende Unternehmen*

Hier sind vor allem Größe und Finanzkraft des Unternehmens ausschlaggebend. Aber auch die die Marketingstärken des Unternehmens selbst und seine Ansprüche an den Vermarkter des Produktes spielen eine Rolle.

  3. *Der Wettbewerb*

Wie viele Mitbewerber sind auf dem Markt und wie vertreibt der Mitbewerber sein Produkt? Es stellt sich die Frage nach den Stärken und Schwächen des Mitbewerbes.

---

[18] Kuß, Dr. Alfred: Marketing-Einführung, Wiesbaden, S. 253.
[19] http://www.4managers.de/01-Themen/..%5C10-Inhalte%5Casp%5Cproductimmarketing-mix.asp?hm=1&um=P
[20] vgl. Kuß, Dr. Alfred: Marketing-Einführung, Wiesbaden, S. 258.

4. Die Kunden

In diesem Zusammenhang muss das Kaufverhalten des Kunden analysiert werden und es muss beachtet werden, in welchen Gebieten sich große Absatzgebiete befinden. Wie viele Kunden könnte mein Produkt ansprechen und wo befinden sich die potentiellen Abnehmer? [21]

Neben den Einflussfaktoren gilt es für die Unternehmen aber auch zu entscheiden, wie breit der Absatzweg gewählt wird. Drei Distributionsstrategien stehen zur Auswahl. Die exklusive Distribution beschränkt sich auf wenige Händler. So behält das Unternehmen eine hohe Kontrolle. Als Beispiel können hier Händler von Exklusivprodukten wie Rolls-Royce genannt werden.
Im Gegenteil dazu steht die intensive Distribution. Sie soll eine möglichst weite Verbreitung des Produktes gewährleisten. Diese Strategie wird besonders bei Anbietern von Produkten des täglichen Bedarfs angewandt.
Die selektive Distribution ist eine Zwischenform der erstgenannten. Je nach Markt wird exklusive oder intensive Distribution betrieben. Auf diese Art werden viele Produkte der Unterhaltungsindustrie abgesetzt. [22]

2.4 Kommunikationspolitik

Zur Kommunikationspolitik gehören die vier Elemente Werbung, Betreuung durch den Außendienst, Sonderaktionen der Verkaufsförderung und Öffentlichkeitsarbeit. [23]
Ziel der Kommunikationspolitik ist es in erster Linie die Aufmerksamkeit des Kunden zu bekommen, um dann das Interesse für das angebotene Produkt zu wecken, damit beim Kunden schließlich der Wunsch aufkommt, das Produkt zu kaufen.
Werbung kann über gedruckte Anzeigen, Funk und Fernsehen, Plakatwände oder andere Medien an Kunden gebracht werden. Sie ist häufig sehr aufwendig und teuer, kann aber über weite, geographische Distanzen geschaltet werden und kann ein

---

[21] vgl. Kotler, Philip: Grundlagen des Marketing, München, S.830f.
[22] vgl. a.a.O., S. 832f.
[23] vgl. a.a.O., S 687ff.

Markenimage aufbauen. [24] Die Betreuung durch den Außendienst birgt gegenüber der Werbung einige Vorteile. Er findet meistens im kleinen Kreise statt. Durch das persönliche Gespräch zwischen Verkäufer und Käufer können intensive Beziehungen entstehen und der Kunde muss sich näher mit dem Produkt beschäftigen, als ein Kunde, der auf eine Werbung aufmerksam wird. [25] Unter Verkaufsförderung versteht man kurzfristige Anreize zum Kauf eines Produktes. Dies kann zum Beispiel über Preisnachlässe, Preisausschreiben oder Prämien geschehen. [26] Im Bereich der Öffentlichkeitsarbeit kommuniziert das Unternehmen mit seinen Zielgruppen ohne dabei auf Werbung angewiesen zu sein. Sie ist glaubhafter als Werbung und sie erreicht mehr Kunden, da es dem Kunden nicht möglich ist – wie bei der Werbung – ihr aus dem Weg zu gehen. [27] Das Unternehmen ist an der Schaffung eines guten Unternehmens- oder Produktimage z.B. durch die Verbreitung von Nachrichten im redaktionellen Stil interessiert. Weitere Instrumente können Seminare oder Workshops sein, die das Unternehmen anbietet.

3. Fazit

Die Optimierung des Marketing-Mix muss als Ziel eines jeden Unternehmens definiert werden. Es gilt die bestmögliche Abstimmung der Marketinginstrumente aufeinander zu finden, damit die strategischen Ziele wie Marktbeherrschung oder Gewinnerweiterung erreicht werden können. Die einzelnen Instrumente schließen natürlich keine Wechselwirkungen untereinander aus, sondern sind teilweise sogar darauf angewiesen. Dementsprechend ist eine sinnvolle Abstimmung unter den einzelnen Instrumenten zu gewährleisten, um die angestrebten Ziele des Unternehmens zu erreichen. Eine ausgiebige Analyse des Marktes und eine vorausschauende Planung sind dabei unabdingbare Grundsätze, die es zu beachten gilt.

---

[24] vgl. Kotler, Philip: Grundlagen des Marketing, München S. 688.
[25] vgl. a.a.O., S. 688.
[26] vgl. a.a.O., S. 689.
[27] vgl. a.a.O., S. 689f.

Literaturverzeichnis

4managers.de, online im Internet
http://www.4managers.de/01-Themen/..%5C10-Inhalte%5Casp%5Cproductimmarketing-mix.asp?hm=1&um=P, 2005, [zugegriffen am 04.05.2005].

Kotler, Philip: Grundlagen des Marketing, München 1999.

Kuß, Dr. Alfred: Marketing-Einführung, Wiesbaden 2001.

Procter&gamble, online im Internet
http://www.procterundgamble.de/produkte/index.shtml, 2005, [zugegriffen am 03.05.2005].

Steffenhagen, Hartwig: Marketing. Eine Einführung, Stuttgart 2000.